EPIDERME

Eric Lamie

EPIDERME

Editeur : BoD – Books on Demand
12/14 rond-point des Champs Elysés, 75008 Paris
Impression : BoD – Books on Demand, Allemagne

ISBN : 9782322085163
Dépôt légal : octobre 2017

La poésie est le seul langage qui peut expliquer la complexité de l'homme.

Aimé Césaire

Avant propos

L'ensemble des textes que contient cet ouvrage ont été élaboré par des phases successives et intemporelles. Le degré de leur présentation se résumant comme une certaine réflexion que je me faisais sur la réalité socio-économique de la société guadeloupéenne. Celles-ci remontent en effet, pour la plupart à l'époque où l'industrie sucrière, en pleine crise structurelle; et surtout sur les attentes que se faisait ce que l'on dénommait; les préoccupations de la paysannerie agricole. Or, le résultat final surtout vers 1971 s'est effondré brutalement – on préférait dès lors; sans perceptive – et de prévision scientifique accepter de facto: une certaine politique de l'importation. L'on assistait alors au transbordement gigantesque des palliatifs extérieurs provenant pour la plupart du modèle occidental. Cette situation antagonique a bousculé les caractéristiques de notre mode de vie, qui n'a eu pour conséquence qu'à être de par cette consommation à outrance et sans une certaine lisibilité à perdre les repères essentiels de nos fondements. La gravité de certains d'entre eux nous interpellent encore de nos jours et par le fait même d'une certaine "violence", crée, organisée et même entretenue par ces chocs de cultures.

Ainsi, par exemple s'exprimait Henrich Boll[1], je cite:

La littérature d'un pays, lorsqu'elle est vue non pas avec partialité mais dans sa diversité donnait la meilleure information sur les peuples, les pays, leurs mœurs, leur histoire, leurs coutumes, leur caractère.

Ainsi donc, sur cet angle là, les écrivains guadeloupéens, me semble-t-il doivent impérativement inverser cette tendance. Nous avons toujours l'impression comme le dépeint très justement l'essayiste tunisien Albert Memmi, que dans ces situations en définitive, il y avait le dominant et de l'autre le dominé. Par exemple que du point de vue pédagogique qui constitue une base solide et incontournable de notre personnalité si nous empruntons un autre mode de civilisation nous passons à côté de nos exigences et nous devenons étrangers de notre propre espace sociale. Même s'il se trouve "habillé" plus ou moins correctement, il reste depuis la nuit des temps, ce que le martiniquais Patrick Chamoiseau a qualifié de modernité coloniale. Nous comprenons dès lors que la démarche de l'écrivain doit pouvoir se situer à terme dans ces objectifs là, c'est-à-dire de trouver les marqueurs de ce contre-choc.

L'auteur

---

1 Henrich Boll, écrivain allemand – Belfond 1991 – De la compassion à la colère.

Découverte

D'une terre

Extasiée

Dans l'au-delà du vide

D'usure de silex

Aux pieds des cannes

Qui ne bougent aux sensations

Des forces extérieures

Des êtres

Apparaissant au grand jour

Dans la transmutation du bananier

Et de grandes montagnes d'immondices

S'arrêtant là.

L'instant de la démesure

Ruinait nos espaces irradiés

La démesure de cette chose muette

Ressentie au plus profond de nous-mêmes

Après les ardeurs discontinues

Dans les espaces affolés

Ou se peut-il que nos corps

Se targuent d'envie de déchiquettements

D'un soir de parias

Ou les cannes robustes

Réveillèrent les sirènes d'usines

A force de compter le temps qui ne vient pas

Et la démesure de leur têtes frêles

Au devant du jour

Neuf.

L'imposture des vents

Sur ton front

Amenuisé de sagesse hivernale

Doux paysage d'un temps qui s'arrête

Aux aguets des fêtards

Endormis

L'aurore secrète

Les dures saisons à mères

De ton sourire refait

De toute son étrangeté.

Feux feux

Exsangues

Dans la rougeur du midi

Feux écarlates à même la fertilité

Du sol

Insondables feux de silex

Inemployés

Par la force de ton âge

Feux criards froidement asséchés

Sur ces places somnolentes

De peur de civilités vraies

Feux apparents aussi tremblants

Que la rapidité de leurs mains

Dérangea cet instant impromptu

Ou l'homme naissant cria

Mai 67.

Honneur aux rives rouges

Réparties dans le temps

Nous fûmes vainqueurs

De leurs hystéries premières

Les cratères des volcans

Ayant remarquablement suffoqué

Leurs tempêtes anciennes

Elles regardent en surface

Nos masques informes et méconnus

Dans les danses carnavalesques

Des noces caraïbéennes

Mis à l'écart

Par le truchement des leurs gestes

Devenant caduques

De par les civilités nouvelles.

Texte dédié à Derek Wolcott[2]

---

2 Prix Nobel de littérature.

Apparente forme du midi

Défait de ses horreurs

L'instant perfide

Du malaise de nos voix

Perchées dans le prélassement

Des obus

Préparant les sensations veines

Et rythmant

Les espaces insatiables

Du désordre infini.

Rupture d'un temps infâme

Rupture d'un geste qui s'égare

Dans nos récents refrains

Champs d'espoirs

Aux abords d'usines

Immergées de torpeurs

Rupture d'un chêne

Par les grands vents d'est

Dans nos chants vainqueurs

Retentira

Le levain intact des jours.

Déliquescence

L'oiseau veillait le grain anobli

Des duchesse affairées

Un atermoiement de chiens décapités

Dans le cheminement

Des signaux ridicules

Des villes ayant déversé

Les pas des phacochères

Aux abords des fenêtres limpides

Un atermoiement d'oiseaux migrateurs

Ayant la rougeur d'être terni

Par l'apostolat des contradictions

Souterraines

Qu'ils portent en plein midi

Sur la bassesse de leur front.

J'habite une façade de pluie

J'habite une terre démontée

Jusqu'à l'espace cousu

De ton infatigable insomnie

Sur nous

Une terre reculée

Démise de sa végétation sommaire

Dans la force des orages perdus

Par les griffes des monstres entrelacés

J'habite une sentinelle de lâches

Assoiffés de peurs aux ventres

Des armoires qui rouillent

Aux fonds de cales

De nos visitations matinale.

Jusqu'à l'agenouillement

De saisons furtives

Jusqu'à la bêtise

De ton front ancestral

Jusqu'à nos muscles

Froidement abattus

Jusqu'à nos cœurs

Partis dans le désert

Jusqu'à la paille

Reprise dans le silence

Jusqu'à nos muscles amenuisés

Jusqu'à notre impatience

Qui surgira

Avant l'aube

Ce jour là.

La Roue[3]

Dans son blocage prostré

N'effectuant point sa marche en avant

Dans l'incandescence

D'assoiffements

De nos forces unies

Par leurs formes incorrectes

Bruissant les lisières

Attendant les aubes fertiles

Aux matins

Les reniements des graissages laineux

Des froids lointains

Dans les veines endormies.

---

3 Réplique à un texte poétique du même nom publié par Aimé Césaire en 1956.

Coupes[4]

Les cannes parées pour leur mort

S'envoleront repues

Dans la grève

Les coutelas affutés pour la fête

Couperont à leur tour

Toutes les cannes

Et toutes les choses vivantes

Infidèles à leur vue

Une seule marre à ressac

Réveillera les cannes debout!

Pour la coupe

Et dans les fosses

Jaillira le jus de la canne.

_____

4 Dédié au poète Cubain Nicolas Guillen

Cris

À Marcelle Manville

Cris ancestraux des forces démises

Cris des mers sablonneuses

Qui rongent l'espace

Cris largués en plein océan

Et retenus à l'échine

Sur nos boulets obscurs

Cris des monstres entrelacés

De nos pas incertains

Triés sur le tas

Cris jamais entendus

Sur le plafond du ciel

Où les orages s'entrechoquent

Empêchant nos cris

Meurtris par le temps

Dans l'infamie de notre immense blessure.

Ka

Le soir à la pointe à Pitre

Le Gwo-Ka interpelle les cœurs

Dans sa véracité trébuchante

Au cœur de cette ville

Sans cesse dit-on en mutation

Le Ka interpelle

Les avatars de la paix

Réjouissante cité nocturne

Dont!

L'obscurité noircie

Les têtes en feu

D'âmes incubées

D'histoires abstraites

De politique à la carte

De peurs inutiles

D'intelligences contenues

D'un mai 67 confisqué

Dans cette ville

La résonnance du KA

Interpelle les nègres marrons

En plein midi.

Temps

Temps tenaces des chimères qui apparaissent aux lourdeurs des choses incertaines. A force d'assoiffement les choses évasives repartent tenues des atteintes de folies.

Temps de peurs insoupçonnées des gesticulations de départs aux émanations fertiles. Des voix rouges de braises à venir.

Temps obscurs des ordres du soir.

Les escapades lointaines appelant les fatigues amenuisées, d'attentes furtives.

Temps révolus des dépassements d'images obsolètes.

Les alouettes faisant miroiter

Des situations hagardes

Aux équilibrations honteuses

Temps de forces cogitées dans leurs machines caduques

Le langage de nos voix fait peur

aux matins

Les attentes fécondes.

Ou se peut-il que la graine des vents

Surgisse de sa nudité caduque

Dans l'orage des phoques

Les océans lointains sifflent leur amenuisement

Aux espaces fertiles

Ou se peut-il que l'espace rampant

Prêche l'insolence des cannes

Décoiffées

De leur stature d'antan

Ramène les saisons limpides

Et démentielles.

Toute l'envolée d'un vol de papillons

Il reste la teneur ancestrale que l'on extorque à mesure que se dessine dans les dédales de rues une silhouette frêle perdant la mesure du temps

L'aube ayant démâtée de notre incivilité première.

LES MASQUES engloutis dégagent un air
impur sur nos névroses tardives

Angle d'une rue qui ne vacille pas à l'exclamation
de ceux qui cherchent le désert

Fardeau des choses ensanglantées dans les
recoins des villes desservies

Aux matins les monstres déchiquetés

Aux remparts des réverbères ou s'exclament
l'incompréhension de nos vois égarées et
dépourvues.

DU HAUT

De l'entassement

D'en bas

Nous fûmes plongés dans l'abîme

Des mers incertaines

Où la ténacité des mers folles

Ne se réveillèrent

Dans la force

De leur infamie.

Nos têtes cuirassées

Veillent les nuits démentes

Les antennes de démons

Guettent

Les pluies orageuses

Et les cœurs en flèche

Prêts pour la bataille.

Vieux fusils en amorce

Appareillant dans les nuits

Les préparations veines

Nuits des assoiffés de raideur

Nos cœurs en surface

Où paraîtront les sagaies submergées.

Semences de sang [5]

Sang – Sang

Au toucher

Sang des têtes enrubannées

De soleil

Sang giclant sur les murs

Faisant face aux feux

Des soleils persistants

Eclaboussant les nuques

Sang – Sang

Sur des fibres de verre

Des fouets étincelants

Sang des sang

Des mers ou l'infini marine

Entasse les déchets d'hommes

Sur toutes les places disposées.

_____

5 Pou Sony Rupaire (Mai 1967).

La main lancinante

Aux soirs crépusculaires

D'enfants largués

Dans leur désert

De peur assouvies

De beauté à peine dévoilée

Aux soirs des saisons

Dans les nuits profondes.

L'œil

Est-ce cette chose

Qui rend

La vue saine

Des mémoires refaites

S'extasie en pleine lumière

De l'espace écrasé

Ce sont les yeux d'hommes

Qui vieillissent

Aux parchemins incessants

De toutes les choses ignominieuses.

A perte de vue

De nos forces démesurées

A perte de soleil

De nos paumes entr'ouvertes

L'aube jaillissant

Dans le bruissement des feuilles

Extasiées

L'aurore ayant défait

Le venin

Des monstres cachés.

Trêve

Le spectre continuait

Sur les rampes

De ce bétail ambulant

Le spectre de la haine

Longeait les rives amères

De l'angoisse humaine

Des déracinés d'Afrique

D'Afrique aux Amériques

Sur la même place

Trêves

Trêves de blues

Trêves des colons d'Alabama

Trêves de la peur des vagues

Trêves du sourire nègre

Malgré ces cordages

D'un assemblage désuet

Aux grands sourires

Du Tiers-monde

Une fois re/conquise

Des exacerbations passées.

New-York,

Ô New-York tu m'intéresses

La chose que tu oublies

Je te la rappelle

Bastion de la création nègre

Place internationale du JAZZ

Place des grands boxeurs du même teint

Place de grandes marches

Place des claquettes et des Jazz-Band

Tu m'intéresses

Tes ghettos multiformes

Me font penser

Aux nids d'abeilles

Tu m'intéresses quand tu parles

De rag time

De littérature Négro-Américaine

De Langston Hugues

De Claude Mac Kay

De Countee Cooleen

Capitales de grandes enjambées noires

Pour oublier ta peur et ton angoisse

Le jazz frémit

Dans tes entrailles

Signe de prépondérance

De la création artistique

Sans la présence des noirs

Le monde serait mal fait

A ton image.

A Léopold Sédar Senghor [6]

---

6 Poète et ancien Président du Sénégal.

Jazz

Lèvres épaisses

Et têtes grincheuses

De trompettes raccordées

A la mesure du rythme

Un jazz se profile

Dans les arènes du New-Jersey

De San Francis/co

Où parfois

Très souvent même

S'entassent de nègres

Dans ce même

Guet-apens.

Pluies des sommeils

Aux entournures de nos misères

Obscurcies par les laideurs du temps

Pluies des méthodes douteuses

Ensemencées de folies

Pluie de nos mains

Brandies jusqu'à l'aube

Les espoirs taciturnes

Des pluies incertaines

De nos espoirs aguerris.

Pluies

Pluies des forces cachées remontant

En surface

Aux matins brusques

Pluies des contours insignifiants

Glorifiant les doutes

Pluies de chaines calcinées

Aux ordres de l'histoire

Pluies des têtes affolées

Pluies des bombes enterrées

Sur les surfaces

Des blancheurs occupantes

Aux espaces fertiles

Pluies des monstres entrelacés

Par le vacarme des jours.

Signe du temps

En des sardines empaillées

Aux cargos faisant du sur place

Des corps d'ossements immobiles

Espérant à mains vides

La retombée de toute force naissante

Plus vraie que les sarcasmes aux robes blanches

Soleil surpris des regards collectifs

Des regards gémissant sous la chaleur

N'ayant aucune force à la cloison

Des pluies

Source millénaire de l'acceptation

Car s'il fallait qu'on vous le dise

Des tas de chairs humaines

S'entassent impavides

Dans la vieille pondérance des jours.

Sous mes pas

Sous mes pas rugueux grossit une plaie

La senteur dure de la terre brulante

Trépide - trépide mes pas jonchés

Dans l'incalculable densité de cette terre

Et ma tête en dehors respire ce vent

Embourbé

Sous mes pas rugueux

Nus dans cette pate onduleuse

Je trempe mes pieds grands

Comme la feuille du bananier

Respirant au large l'hymne de ma fierté

De la terre entêtée

Me voilà à bras le corps

Me frottant le visage endémique

De ma terre argileuse

Ressaisie aux senteurs du dehors

De ma terre reconvertie

Que je trempe à nouveau dans

La densité flasque

De mon corps

Mon corps qui servira de racine

Que j'arrose... j'arrose.

Champs de cannes

Le mois de Janvier s'approchait. Les premières tiges de cannes brillaient de leurs couleurs argentées. C'était la preuve du démarrage de la récolte.

Dans les champs, à perte de vue et aux abords des lisières, les cannes les plus robustes se distinguèrent en jonchant le sol. D'autres encore, immobiles attendaient elles aussi qu'elles soient prêtes pour la coupe.Quelques jours plus tard, une longue file d'hommes et de femmes occupèrent les lieux. Ce fut le démarrage effectif de la récolte.

Ils étaient alignés de manière asymétrique le long des champs et le signal leur était donné de procéder aux premières coupes.

L'on observait des mouvements de bras incessants, de bas en haut, avec une incroyable dextérité et dans une cadence vertigineuse.

Les cannes s'empilèrent par de petits tas, puis par de grand tas. Les femmes attelées à leur tâches d'amarrage, suivirent les coupeurs qui les précédaient comme dans un mouvement d'ensemble, jusqu'à la tombée de la nuit.

Une autre activité était perceptible, c'était celle des charretiers. Ces derniers contrastaient à ceux des camions ou remorqueurs qui pénétraient dans les champs; tandis que des charrettes, elles, sillonnaient le long, par des ritournelles, se perdant dans des sortes de "gorges", et refaisant surface de leur chargement.

Ainsi, d'innombrables allées et venues s'opéraient aux abords de l'usine qui depuis quelques jours essayait ses turbines et ses générateurs.

La fumée qui ressortait des se longs tuyaux noirs, sifflotait d'une chaleur incandescente. A l'entrée de la porte principale, il y avait un embouteillage gigantesque. Les charretiers par dizaines se mêlèrent aux autres remorques et camions, attendant sagement, chacun leur tout pour la pesée à la balance.

Tout ceci paraissait être d'une grande vivacité. Nous étions donc en pleine récolte.

D'après Eric LAMIE

Essayiste – Ecrivain

Mai 2015, Ste Anne

Sommaire

*Un grand remerciement à SEGARD EMILE COCO
pour sa participation et son soutien permettant
l'édition de ce recueil de textes.*